BEI GRIN MACHT SICH IHR
WISSEN BEZAHLT

- Wir veröffentlichen Ihre Hausarbeit,
  Bachelor- und Masterarbeit

- Ihr eigenes eBook und Buch -
  weltweit in allen wichtigen Shops

- Verdienen Sie an jedem Verkauf

Jetzt bei www.GRIN.com hochladen
und kostenlos publizieren

Beeinträchtigungen der Sprache und Kommunikation. Grundlagen der Sprachpädagogik

Finya Brock

Bibliografische Information der Deutschen Nationalbibliothek:

Die Deutsche Nationalbibliothek verzeichnet diese Publikation in der Deutschen Nationalbibliografie; detaillierte bibliografische Daten sind im Internet über http://dnb.d-nb.de abrufbar.

ISBN: 9783346456120
Dieses Buch ist auch als E-Book erhältlich.

Druck und Bindung: Books on Demand GmbH, Norderstedt Germany
Gedruckt auf säurefreiem Papier aus verantwortungsvollen Quellen

Das vorliegende Werk wurde sorgfältig erarbeitet. Dennoch übernehmen Autoren und Verlag für die Richtigkeit von Angaben, Hinweisen, Links und Ratschlägen sowie eventuelle Druckfehler keine Haftung.

Das Buch bei GRIN: https://www.grin.com/document/1039912

Showcase Portfolio

vorgelegt von:

Finya Brock

HeSe2018/19

Abgabefrist: 10.12.2018

Inhaltsverzeichnis

1. Zeitschriftenartikel zum Thema Sprachbehindertenpädagogik

„Wie schreiben sprachschwache Kinder? Beitrag zum Zusammenhang zwischen explizitem und implizitem Sprachwissen" (Schaller, 2017)

In dem o.g. Artikel geht es um den Zusammenhang expliziten und impliziten Sprachwissens bei sprachschwachen und sprachstarken Kindern. Der Fokus liegt hierbei auf der Orthographie, der Lexik sowie der Syntax. Um diesen Zusammenhang begründen zu können, wird eine Studie vorgelegt, in der die Teilaspekte einer Schreibhandlung, d.h. Orthographie, Lexik und Syntax, in Versuchsgruppen sprachschwacher und sprachstarker Kinder differenziert untersucht wurden. Die Studie führt zum Ergebnis, dass der Zusammenhang zwischen explizitem und implizitem Sprachwissen bei sprachschwachen Kindern signifikant höher ist als bei sprachstarken Kindern. Dies führt zu der Annahme, dass bei der Diagnostik der Schreibprozess an sich sowie die Sprachwissensvoraussetzungen – neben dem Produkt des Schreibprozesses, d.h. dem fertigen Text – herangezogen werden sollten.

Dieser Artikel hat in der Hinsicht meinen Blick auf die Sprachbehindertenpädagogik verändert, dass ich nun eine deutlich differenziertere Vorstellung der Vielfältigkeit der Sprach- und Schreibebenen entwickeln konnte. Mir war vorher nicht bewusst, wie vielschichtig das Schreiben betrachtet werden muss und welche Zusammenhänge sich dadurch auch für die Sprache und damit verbunden die Kommunikation ergeben. Das Differenzieren von implizitem und explizitem Sprachwissen war mir vor der Bearbeitung dieses Artikeln nicht bekannt, weshalb ich mich zum Verständnis des Textes dahingehend erst einmal intensiver belesen musste. Das Verständnis für diese Einteilung erachte ich als komplex, weshalb ich mir während des Lesens des Artikels immer wieder den Unterschied bewusst machen musste. Ferner verdeutlichte sich mir, dass eine Schreibproblematik zahlreiche Facetten aufweisen und in unterschiedlichster Weise auftreten kann und die Teilaspekte des Schreibens sowie das Sprachwissen große Bedeutung für die Diagnostik haben.

2. Geschichte der Sprachheilpädagogik und Logopädie

Die gewonnen Erkenntnisse aus den Unterkapiteln 3.1., 4. Und 5. des Buchs *Lehrbuch der Sprachheilpädagogik und Logopädie* kann ich insofern für meine zukünftige Berufspraxis nutzen, als dass ich ein Bewusstsein für den geschichtlichen Hintergrund und die damit verbundene Wichtigkeit dieses Themengebiets entwickelt habe, sodass ich den Berufsstand mit seiner historisch begründeten Daseinsberechtigung adäquat vertreten kann. Ferner werde ich mir im Klaren sein, dass das Arbeiten im interdisziplinären Team (darunter beispielsweise HeilpädagogInnen und LogopädInnen) zur Behandlung einer Sprach- oder Sprechstörung von großer Bedeutung ist.

3. Rolle der sprachpädagogischen Professionalität an Gemeinschaftsschulen in Schleswig-Holstein

Betrachtet man die Publikationen des Landes Schleswig-Holstein zur Gemeinschaftsschule fällt auf, dass es zu der sprachpädagogischen Professionalität – weder bei der Darstellung der Kontingentstunden noch im Leitfaden zur Zeugnisgestaltung – keine Inhalte gibt. Daraus lässt sich schließen, dass die Sprachpädagogik keinen wichtigen Stellenwert an Gemeinschaftsschulen aufweist. Allerdings erachte ich das Einbeziehen einer solchen Professionalität an einer Gemeinschaftsschule als sehr wichtig.

Das Schleswig-Holsteinische Schulgesetz sieht vor, den Kenntnisstand der deutschen Sprache bei der Anmeldung an einer Gemeinschaftsschule zu erheben, sodass bei Bedarf interveniert werden kann, indem beispielsweise ein Sprachförderkurs belegt wird, bevor die Aufnahme an einer Schule stattfindet. So soll sichergestellt werden, dass die Kinder von Beginn an adäquat im Unterricht mitarbeiten können. Hierbei werden allerdings nur diejenigen Kinder mit Sprachauffälligkeiten berücksichtigt, welche keine ausreichenden deutschen Sprachkenntnisse aufweisen. Kinder mit Sprach- und Sprechstörungen zählen nicht dazu.

Ferner sollte der sprachpädagogischen Professionalität eine bedeutende Rolle zugeschrieben werden, da sie eine zentrale Aufgabe im Rahmen der Inklusion darstellen kann. Dazu können beispielsweise stotternde Kinder zählen, welche ohne sprachpädagogische Förderung möglicherweise Schwierigkeiten sowohl im Unterricht als auch im Kontakt mit ihren MitschülerInnen entwickeln können.

Insgesamt sollte die sprachliche Handlungsfähigkeit aller SchülerInnen einen großen Aufgabenbereich der pädagogischen Arbeit an einer Gemeinschaftsschule darstellen. Denn es herrscht mittlerweile eine weitreichende Vielfalt an individuellen Kenntnisständen und Bildungsansprüchen der Sprache bzw. Sprachbildung, sodass eine sprachpädagogische Didaktik immer mehr an Bedeutung gewinnt. Diese Vielfalt umfasst unter anderem den Erwerb einer oder mehrerer Fremdsprachen, Bilingualität, aber auch Sprach- und Sprechstörungen. Durch eine sprachpädagogische Professionalität an Gemeinschaftsschulen würde man dieser Heterogenität gerecht werden, sodass eine erfolgreiche Inklusion in den Schulalltag erreicht werden kann.

4. Sprachliche Heterogenität im Unterricht

Eine wesentliche Erkenntnis, welche ich durch den Gastvortrag über das norwegische Schulsystem gewonnen habe, ist, dass eine erfolgreiche Inklusion ausschließlich Aufgabe des Schulsystems und insbesondere der Lehrer ist. Hinzu kommt, dass mir dieser Vortrag verdeutlicht hat, dass Inklusion in Norwegen sehr gut funktioniert, weil es dort spezifische Vorgehensweisen und Professionen gibt, welche interdisziplinär umgesetzt werden. Dass die Kinder von sechs bis 16 Jahren gemeinsam unterrichtet werden, unabhängig ihres Lernstandes oder einer Behinderung bzw. Beeinträchtigung, erachte ich als sehr erstrebenswert.

Das Prinzip des „Tilpasset opplaering" (des „angepassten Lernens") war mir bis dahin nicht bekannt, sodass ich auch diesen Inhalt im Zusammenhang des gemeinschaftlichen Unterrichts in Norwegen als sehr spannend empfand. Durch den Vortrag wurde mir bewusst, dass es bereits funktionierende und vorbildliche Methoden zur Umsetzung der Inklusion gibt, an denen sich das Deutsche Schulsystem orientieren könnte. Durch diesen konträren Vergleich des norwegischen und deutschen Schulsystems verdeutlichte sich mir, dass es an einer (sonder-) pädagogischen Professionalität an deutschen Schulen mangelt, welche sich darum bemüht, individuelle Lern- und Kompetenzziele für alle SchülerInnen zu gestalten, sodass ein inklusiver Unterricht zur Selbstverständlichkeit werden kann. Diese Haltung der Selbstverständlichkeit (der norwegischen LehrerInnen bzw. PädagogInnen) empfand ich während des Gastvortrags als faszinierend und neuartig, da diese vermutlich im deutschen Schulsystem in dieser Ausprägung noch nicht vorhanden ist.

5. AWMF-Leitlinie zu USES

USES sind umschriebene Entwicklungsstörungen des Sprechens und der Sprache. Dabei wird zwischen rezeptiven, d.h. das Sprachverständnis betreffend, und expressiven, d.h. die gesprochene Sprache betreffend, unterschieden. In der Regel liegen Mischformen dieser Sprachstörungen vor, bei denen sowohl die Rezeption als auch die Expression der Sprache deutlich unter dem allgemeinen, altersspezifischen Entwicklungsniveau liegt. Die sprachlichen Beeinträchtigungen lassen sich meist auf mehreren (sprachlichen) Ebenen betrachten. Dazu gehören Prosodie, Phonologie, Lexikon, Semantik, Morphologie, Syntax und Kommunikation. Dabei variiert jeweils die Ausprägung der Beeinträchtigung in Produktion und Perzeption der Sprache.

Die Ätiologie einer USES ist weitestgehend ungeklärt, jedoch ist in Studien davon die Rede, dass mehr Jungen als Mädchen betroffen sind. Forscher sind sich zum Teil einig, dass die Hauptursache genetische Faktoren darstellen, welche die Varianz einer solchen Sprachstörung bedingen. Kaum Einfluss nimmt dabei das familiäre Umfeld des Kindes ein, d.h. die familiäre Sprachanregung im frühen Kindesalter bildet keine primäre Ursache einer USES.

Erste Anzeichen einer expressiven Sprachstörung lassen sich meist bereits im Alter von zwei Jahren erkennen. Rezeptive Störungen sind hingegen schwer erkennbar. Die Symptome variieren je nach Lebensalter des Kindes und Ausprägung der Beeinträchtigung stark. Aufgrund der mangelnden empirischen Nachweise über die Ätiologie einer USES gibt es jedoch bislang keine kausale Therapien. Nachgewiesen werden konnte ein erhöhtes Risiko für Late-Talker, an einer USES zu erkranken. Ein Großteil der Kinder haben langfristig persistierende Symptome sowie ein erhöhtes Risiko, eine psychiatrischen Störung zu erleiden (z.B. Aufmerksamkeitsstörungen oder defizitäres Sozialverhalten).

Wichtig bei der Diagnostik ist insbesondere die Differentialdiagnostik, weil eine USES abzugrenzen ist von: sensorischen Beeinträchtigungen, tiefgreifenden Entwicklungsstörungen, Intelligenzminderung, Mehrfachbehinderungen, genetischen Syndromen, neurologischen Störungen, Verhaltens- und emotionales Störungen oder Vernachlässigung.

6. Inclusion and Norweign History of Education: A Model for Germany?

Das norwegische Schulsystem ist an ein Modell angelehnt, welches sich bereits vor Jahrhunderten entwickelt hatte. Es diente der kontrollierten Organisation der Bewohner einer Stadt und ermöglichte zum Beispiel, dass die Ausbreitung von Krankheiten reduziert werden konnte. Dieses Modell nennt sich das „Plaque Model". Sobald jemand (neues) in die Stadt hineinwollte, wurde er oder sie – je nach Zugehörigkeit zu einer Personengruppe, wie zum Beispiel „Kranker", „Krimineller" oder

„Schüler" – in einen spezifischen Bereich der Stadt zugeordnet (Krankenhaus, Gefängnis oder Schule).

Dieses Prinzip findet sich gegenwärtig in gewissen Teilen im norwegischen Schulsystem wieder. Kommen SchülerInnen in eine Schule, wird herausgefunden, ob er oder sie „special needs" hat und in welchen Platz der Gesellschaft er oder sie mit seinen bzw. ihren individuellen Voraussetzungen hineinpasst. Ein norwegisches Schulgesetz besagt, dass jedes Kind das Recht auf eine „special education" hat, sobald sie nicht vom „ordinary teachning" profitieren. Kritisch zu betrachten ist hier, dass das Wort „ordinary" impliziert, dass es Abnormalitäten gibt, was in der norwegischen Grundvorstellung der SchülerInnen eigentlich nicht geben soll. Die Haltung der NorwegerInnen soll sein, dass es keine „Problemschüler", sondern – wenn überhaupt – unzureichend qualifizierte PädagogInnen bzw. LehrerInnen gibt. Denn Inklusion ist die Aufgabe des Lehrers, da SchülerInnen mit „special needs" im regulären Unterricht und somit im sozialen Gefüge einer Schulklasse gefördert werden. Ausnahmen sind hierbei vereinzelte Schulstunden, in denen die „special needs"-SchülerInnen aus dem Unterricht herausgeholt werden, um eine Einzelförderung zu erhalten.

Für die Diagnostik gibt es sogenannte „special needs experts". Nach der Diagnosestellung kommen die Kinder wieder in ihre Klasse zurück, wo sie dann oftmals von weniger-qualifizierten Lehrern beschult werden. Weniger qualifiziert meint in diesem Fall, dass die LehrerInnen wenig Hintergrundwissen zu einer bestimmten Behinderung oder Erkrankung haben, um adäquat auf die SchülerInnen eingehen und diese fördern zu können.

Martin Buber – ein Philosoph – stellte eine Theorie auf, in der es darum geht, dass es drei Perspektiven gibt, wie man anderen Menschen begegnen kann. Laut seiner Theorie gibt es die Persektiven „observing" (beobachten), „artistic" (künstlerisch) und „becoming aware" (aufmerksam werden). „Observing" meint, dass man das Aussehen, die Eigenschaften und das Verhalten des anderen erfasst und den Menschen daraufhin kategorisiert. Die „artistic" Perspektive drückt einen distanzierten Blick auf den Menschen aus, bei der das Selbst von der Umgebung getrennt ist und es keine Kategorisierung gibt. Die dritte Perspektive („becoming aware") meint, dass man dem Menschen zuhört, seine Bedürfnisse erkennt, das Feedback wahrnimmt, seine Gedanken reflektiert und an der Gedanken- und Gefühlswert des anderen partizipiert.

Qualifizierte PädagogInnen und LehrerInnen sollten sowohl „observer" sein als auch das „becoming aware" verinnerlichen und in die Arbeit miteinbeziehen. Das Wissen, welches man durch die Perspektive des „observing" erhält, kann man nutzen, um beispielsweise Möglichkeiten des Umgangs herauszuarbeiten („knowledge about people is important to treat them right", Dr. Andrew John Thomas, 2018), Statistiken zu produzieren, Normalverteilungen zu erstellen, welche eine Einordnung der SchülerInnen ermöglicht und damit verbunden individuelle Ziele festzulegen.

Dieser Vortrag hat meine Sichtweise auf das deutsche Schulsystem insofern verändert, als dass ich nun einen kritischen Standpunkt und eine reflektierte Sichtweise auf dieses entwickelt habe. Ich habe erkannt, dass es durchaus sinnvoll ist, Regeln und Systeme zu hinterfragen und auch das deutsche Schulsystem objektiv bzw. als „Fremder" zu betrachten, um mögliche Schwachstellen zu erkennen und mich in meiner zukünftigen pädagogischen Arbeit nicht einfach an gegebene Normen zu richten, sondern eine eigene Arbeits- und Sichtweise einzubringen. Ferner kam ich zu dem Entschluss, dass ein inklusiver Unterricht, wie es in Norwegen stattfindet, durchaus viele Vorteile haben kann, es jedoch meiner Meinung nach nicht in allen Fällen sinnvoll ist, SchülerInnen mit speziellen Bedürfnissen in einer Regelschule zu unterrichten. Ich erachte die Förderzentren in Deutschland als sehr sinnvoll für SchülerInnen mit Beeinträchtigung, die in einer Schulklasse beispielsweise allein durch die Anzahl der SchülerInnen (>20 Kinder) und der damit verbundenen Reizüberflutung überfordert wären. Der Überzeugung, dass viele der SchülerInnen in eine Regelschule inkludiert werden können und sollten schließe ich mich trotz dessen an, da die Partizipation und die sozialen Kontakte eine Steigerung der Lebensqualität erreichen kann.

7. Rezeptive Störungen: Diagnostik

Ein mögliches Testverfahren zur Diagnostik einer rezeptiven Störung stellt das „Heidelberger Vorschulscreening" von M. Brunner et al dar. Es dient der objektiven Beurteilung auditiv-kinästhetischer Wahrnehmung und Sprachverarbeitung im Vorschulbereich. Anwendung findet es bei der Klärung eines potentiellen Therapiebedarfs, der Therapieplanung und Zielsetzung sowie dessen Überprüfung. Ferner ermöglicht dieses Screening die Erfassung des Entwicklungsstandes, eine Differential- und Leistungsdiagnostik. Die Durchführung des Screenings soll entweder computergestützt erfolgen oder durch eine CD begleitet werden.

Das Screening baut sich aus sieben Untertests zu nachfolgenden Schwerpunkten auf:

- Phonologische und rhythmische Analyse einer Wortstruktur
- Diskrimination klangähnlicher Phoneme
- Umwandlung der phonologischen Information in Artikulationsprogramme
- Analyse der phonologischen Information nach semantischen Kategorien
- Auditiver Kurzzeitspeicher (Arbeitsspeicher)

Einer der sieben Untertest ist „Artikulomotorik I - Zungenbrecher", welcher die Ausführung diadochokinetischer Bewegungsmuster sowie die seriale Leistung erfasst. Zu Beginn des Tests wird geklärt, ob das Kind weiß, was ein Zungenbrecher ist. Ihm bzw. ihr wird erklärt, dass es die gleich zu hörenden Wörter nachsprechen soll. Zur Verdeutlichung und Vergewisserung, dass das Kind die Aufgabenstellung verstanden hat folgt ein Beispiel zum Üben. Der Test darf nicht unterbrochen werden, sobald er begonnen wurde. Insgesamt werden fünf verschiedene Wörter bzw. „Zungenbrecher" abgespielt, für die entweder „richtig" oder „falsch" angekreuzt werden, je nachdem ob das Kind diese nachsprechen konnte oder nicht:

- Metzger
- Ka-ta-ka-ka-ta-ka
- Ta-ga-ta-ta-ga-ta
- Fa-scha-fa-fa-scha-fa
- Ma-na-ma-ma-na-ma

Sobald alle Untertests durchgeführt wurden, werden die ermittelten Werte in das sogenannte „Screeningprofil" eingetragen, sodass sich eine graphische Darstellung der erbrachten Leistungen ergibt.

8. Das Internationale Phonetische Alphabet

Anstatt mir das Video bei YouTube anzuschauen und den Text phonetisch zu transkribieren, habe ich die Aufgabe zum Stottern bearbeitet.

9. Transkription eines Tonbeispiels

Im Folgenden bedeuten die Abkürzungen „I" und „K" „Interviewer" und „Kind".

I: „was siehst du denn da auf dem bild?"

K: „das m- das mädchen werf auf den junge."

8

I: „ja was wirft die denn auf den jungen?"

K: „den ball."

I: „kannst du noch mehr sehen auf dem bild?"

K: „ja die sonne scheint und der und der ein haus und ein zaun."

I: „ja wo stehen denn die kinder?"

K: „ehm vor den zaun."

I: „und was passiert jetzt?"

K: „tja der junge hat nich gehalten und dann is der hinter den zaun rübergeflogen."

I: „wer is da rübergelogen?"

K: „der ball."

I: „was würdest du denn jetzt machen?"

K: „ehm den nachbar fragen den nachbar fragen und sagen g ich hab den ball ausversehen den ehm den garten z ausversehen da drüber ge rüber geworfen."

I: „und was passiert jetzt hier?"

K: „m dann dann nehmt de dann ha klettert der klettert den junge ehm den ball zu holen und des mädchn fässt halt die die hm z festhalt."

I: „wo liegt denn der ball jetzt?"

K: „hinter den zaun. da dann sieht der junge ein hund kommt dann n und ds hund und der junge geht runter weil er angst hat n undas und uund dann bellt der und der hu und der und das hm und der ball ist hinter den ehm hinter den hinter deem hund. denn denn gibt der den denn gibt der opa den ball."

I: „ja da ist ein opa gekommen."

K: „ja dann gibt er den ball."

I: „der gibt den ball dem jungen zurück nä?"

K: „ja."

I: „und der hund?"

K: „der hund guckt einfach da."

I: „sieht der hund denn gefährlich aus?"

K: „nö. de"

I: „hättest du angst vor dem hund?"

K: [schüttelt den Kopf] (?)

I: „warum nicht?"

K: „weil m weil wei ders nich so weil er ganz klein is."

Geht man bei dem Kind von der Diagnose einer Umschriebenen Sprachentwicklungsstörung aus, fallen insbesondere die grammatischen Störungen der expressiven Lautsprache auf. Der Gebrauch expressiver morpho-syntaktischer (grammatischer) Regeln bereiten dem Kind große Schwierigkeiten (K: „ja die sonne scheint und der und der ein haus und ein zaun"). Anhand des Beispiels wird deutlich, dass es dem Kind nicht gelingt, einen grammatisch korrekten Satz auszudrücken. Viele der genannten Wörter bzw. Wortteile wiederholt es während des Sprechens (K: „[...] und der ball ist hinter den ehm hinter den hinter deem hund"). Es fällt ihm ebenfalls schwer, den Inhalt, welchen es dem Interviewer vermitteln möchte, sprachlich korrekt auszudrücken (I: „und was passiert jetzt hier?" K: „m dann dann nehmt de dann ha klettert der klettert den junge ehm den ball zu holen und des mädchn fässt halt die die hm z festhalt").

10.   Stottern: AWMF-Leitlinie (USES)

Stottern ist gekennzeichnet durch einen gestörten Sprechablauf, d.h. Betroffene haben Schwierigkeiten bei der Planung von Sprechabläufen. Hinzu können Störungen des Sprechrhythmus', der Sprechmotorik (-bewegungen), der Sprechatmung, der Aussprache oder der Stimme kommen. Die Ursachen dieser Sprechstörung sind noch nicht hinreichend geklärt, es wird als Hauptursache eine genetische Veranlagung vermutet.

Die genannten Störungen können sich wie folgt äußern: Lautwiederholungen, Wiederholen von einsilbigen Wörtern, Lautdehnungen oder hörbare und stumme Blockierungen vor und/oder in einem Wort. Neben diesen Symptomen entwickeln sich oftmals Begleitsymptome, wie zum Beispiel eine auffällige Anspannung der

Gesichtsmuskulatur, zusätzliche Körperbewegungen beim Sprechen, Versuche, das Stottern zu vermeiden bzw. zu verschleiern, Meiden von bestimmten Sprechsituationen, bis hin zu völligem sozialen Rückzug. Das Auftreten dieser Symptomatik steht meist im Zusammenhang mit bestimmten Situationen, Gefühlslagen oder der individuellen Verfassung des Betroffenen. Es wird zwischen vier verschiedenen Arten des Stotterns unterschieden. Die häufigste ist das originäre neurogene nicht-syndromale Stottern. Die weiteren 3 Arten sind sehr selten.

Erstmals beobachtet wird das Auftreten des Stotterns in der Regel zwischen dem 2. und 6. Lebensjahr. Bei 70 – 80% der betroffenen Kinder verschwinden die Symptome bereits vor dem 6. Lebensjahr. Eine Behandlung ist dann notwendig, wenn das Stottern nach sechs bis 12 Monaten nach Beginn nicht von alleine weggeht. Allerdings ist eine Behandlung auch vorher schon sinnvoll, sobald das Kind auffällige Begleitsymptome entwickelt hat und diese den Alltag und die sozialen Kontakte (negativ) beeinflussen. Eine erfolgreiche Behandlung ist bei Kindern wahrscheinlicher als bei Erwachsenen.

Nach erfolgter Stotterdiagnostik entscheidet eine Therapeutin oder ein spezialisierter Arzt, ob das Stottern behandelt oder erst einmal weiterhin beobachtet werden sollte. Es werden unter anderem Fragen zum bisherigen Verlauf, zur Häufigkeit des Auftretens oder zum Ausmaß der Beeinträchtigungen im Alltag gestellt.

Es gibt verschiedene Möglichkeiten, ein Stottern zu therapieren. Ausschlaggebend für einen Erfolg der Therapie ist jedoch das eigenständige Lernen und intensive mitarbeiten des Kindes (auch) außerhalb der Therapieeinheiten. Es kann beispielsweise das Formen der Sprechweise verändert, das Kontrollieren der Symptome geübt, das flüssige Sprechen verstärkt oder die Umgebung des Kindes verändert werden.

11. Schriftspracherwerb: Schriftprobe

Die auf der Abbildung zu sehende Schriftprobe wurde von einem 9-jährigen Mädchen verfasst. Auf dieser ist zu erkennen, dass deutliche Abweichungen vom schriftsprachlichen Standard bestehen. Auffällig ist insbesondere die fehlende Anstandskontrolle, das heißt, sowohl die teils zu großen Abstände der Buchstaben als auch die zu engen Anstände der Wörter. Des Weiteren fehlt die adäquate Einhaltung der Zeilen, was sich daran erkennen lässt, dass vereinzelte Buchstaben nach oben oder unten hin abweichen. Außerdem ist keine konstante Groß- und Kleinschreibung eingehalten worden. Groß- und Kleinbuchstaben stehen hier sowohl am Anfang bzw. Ende als auch in Mitten eines Wortes. Insgesamt erscheint das Schriftbild als unleserlich, da zusätzlich zu den oben genannten Aspekten eine ungleichmäßige Form der Buchstaben zu erkennen ist. Die Größe der Buchstaben variiert zwischen und innerhalb der Wörter. Auch die Rechtschreibung weist diverse Fehler auf („sint tol […] Balt"). Hinzu kommt, dass keine Interpunktionen berücksichtigt worden („Balt HaBen wir Ferien Di SchuLe ist AUS").

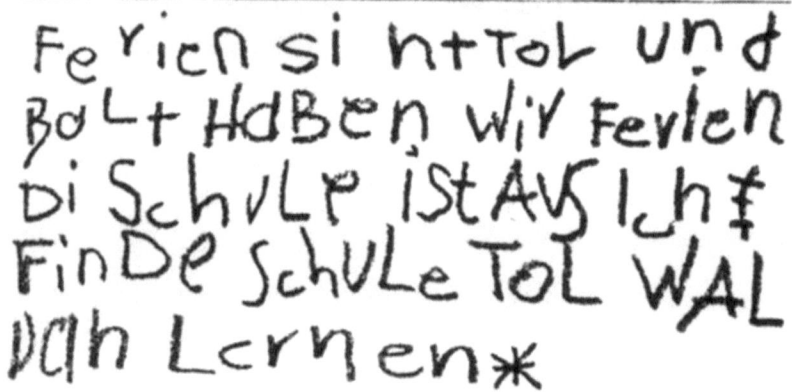

Abbildung 1: Schriftprobe – Mädchen, 9 Jahre (entnommen aus Heuling, 2018).

12.   Relevanz der Bildung und Erziehung für die Arbeit als Lehrkraft

Knebel beschreibt in *Behinderung, Bildung Partizipation (Braun & Lüdtke, 2013)* den Zusammenhang von Bildung, Erziehung und Sprachbehindertenpädagogik. Er weist neben der ausschließlichen Arbeit an „sprachlich-sprecherischen Symptomen" (Knebel, 2013) auf die Wichtigkeit einer ganzheitlichen Betrachtung des Menschen hin, bei der die Erziehung und Bildung im Kontext der Sprachbehindertenpädagogik unerlässlich seien. Diese These erachte ich für die berufliche Praxis als Lehrerin als sehr wichtig, da eine individuelle Förderung meiner Meinung nach nur dann stattfinden kann, wenn man die SchülerInnen als Person in ihrem umweltlichen Kontext, das heißt zum Beispiel die familiären oder räumlichen Bedingungen betrachtet und in die Unterrichtsplanung bzw. Aufgabenstellung einbezieht. Ferner hilft eine ganzheitliche Betrachtung dabei, die Motivation der SchülerInnen im Unterricht anzusprechen, indem man Aspekte, wie beispielsweise die Interessen kennt und berücksichtigt.

Eine weitere These, welche Knebel aufstellt, ist, dass der Anspruch, Sprachbehindertenpädagogik mit Bildung und Erziehung zu verknüpfen, „oftmals unerfüllt" (Knebel, 2013) bleibt. Aufgrund dieser Aussage schließe ich, dass es für angehende LehrerInnen bzw. PädagogInnen umso wichtiger ist, an dieser Verknüpfung festzuhalten und diese in der Praxis umzusetzen. Denn dieser Anspruch, welcher mir als erstrebenswert erscheint, sollte das sprachpädagogische Handeln insofern beeinflussen, als dass durch die ganzheitliche Betrachtung – und damit verbunden das bewusste Einbeziehen von Bildung und Erziehung – möglicherweise eine nachhaltigere und umfassendere Förderung ermöglicht wird.

Laut Knebel stellen sich bezüglich der Integration von Bildung und Erziehung in der Sprachbehindertenpädagogik diverse Fragen, welche sich an den Bildungszielen, der erziehungstheoretischen Verankerung sowie den pädagogischen Institutionen orientieren. Diese sollen als Anhaltspunkte für die sinnvolle Umsetzung dieses Anspruchs dienen. Eine konkrete Verschriftlichung der pädagogischen Inhalte erachte ich für die Arbeit als LehrerIn als sehr sinnvoll, weil es dadurch eine Art Leitlinie für sprachpädagogischen Vorgehen und die damit verbundene Verknüpfung zur Bildung und Erziehung geben würde. Ausschlaggebend halte ich hierbei eine Fundierung dieser Ansprüche bzw. Erkenntnisse, um eine allgemeingültige Regelung für die praktische Umsetzung zu schaffen. Denn nur dadurch würde der Anspruch wahrscheinlich weiträumig und anhaltend in der sprachpädagogischen Arbeit berücksichtigt werden.

„Das Kind ist der Erziehung [...] insoweit bedürftig, wie es seine Bildung gerade nicht aus eigener Kraft [...] voranbringen kann. Eine vordringliche Aufgabe der sprachbehindertenpädagogischen Fachkraft besteht demnach darin, zu erkennen, wo das Kind zu solcher Selbstständigkeit in der Lage ist und wo es andernfalls noch welchen Impulses von außen bedarf" (Knebel, 2013). Diese Aussage erachte ich als sehr sinnvoll, da Lehrkräfte den SchülerInnen zur Bildung verhelfen sollen, welche zwangsläufig mit der Erziehung verbunden und nicht von dieser zu trennen ist. Die Schule ist meiner Meinung nach eine Institution, in der die SchülerInnen zur Selbstständigkeit und damit verbunden zur Handlungsfähigkeit erzogen werden. Dies geschieht im besten Fall ergänzend zur familiären Erziehung

.

13. Sprachstörungen bei Primärbeeinträchtigungen (Video)

Person	Zeit	Auffälligkeiten: Sprache	Auffälligkeiten: Sprechen
Mann 1	0:15		
Mann 2	0:32	– Pragmatik (kein Blickkontakt)	– Viele Pausen – Nutzen von Füllwörtern („ehm", „eh")
Junge 1	1:09		– Monotoner Sprechrhythmus – Telegrammartige, kurze Sätze
Junge 2	1:25	– Pragmatik (schwer verständliche Aussagen) – Morphologisch-syntaktisch (erschwerte Satzbildung/Satzbau) – Abbruch von Sätzen und Neubeginn mit anderem Satz	– Starke Mundmotorik – Phonetik (gestörte sprechmotorische Artikulation bzw. Koordination)
Mädchen 1	2:09	– Mutismus – Weder lautsprachliche noch non-verbale Kommunikation	
Mann 3	2:29		– Phonetik (gestörte sprechmotorische Artikulation /s/, leichtes Lispeln)
Mann 4	2:44	– Ein-Wort-Sätze – Pragmatik (fehlender Blickkontakt, reduziertes Interesse am Gesprächspartner, kaum Mimik/Gestik) – Sprachverständnis in der Kommunikation (Sprichwörter werden ernstgenommen) – Echolalie	– Phonetik – Sehr verlangsamt – Starke Betonung der einzelnen Silben
Junge 3	4:13	– Logorrhoe (viel Inhalt in kurzer Zeit)	– Sehr schnell – Keine Pausen

Mädchen 2	5:15	- Semantisch-lexikalisch (Begriffsverwendung unsicher: „nicht", statt „nein") - Phonologie (keine Bedeutungs-unterschiede zwischen Phonemen: z.b. /t/ und /k/)	
Junge 4	6:11	- Morphologisch-syntaktisch (erschwerter Satzbau/ Satzbildung) - Pragmatik (inhaltlich unverständliche Aussagen) - Wortwiederholungen	- Sehr hohe Stimmlage - Phonetik (gestörte mundmotorische Artikulation)
Junge 5	7:50	- Phonologie (keine Bedeutungs-unterschiede zwischen Phonemen /p/ und /d/)	- Phonetik (gestörte mundmotorische Artikulation, Elisionen und Substitutionen von Lauten, Aussprache von /r/ und /g/)
Mann 5	9:06	- Pragmatik (fehlender Blickkontakt)	- Phonetik (gestörte mundmotorische Artikulation)

14. Quellenverzeichnis

Arbeitsgemeinschaft der Wissenschaftlichen Medizinischen Fachgesellschaften e.V.(2011). https://www.awmf.org/uploads/tx_szleitlinien/049-006l_S2k_Sprachent wicklungs-stoerungen_Diagnostik_2013-06-abgelaufen_01.pdf

Grohnfeld, M. (2005). *Lehrbuch der Sprachheilpädagogik und Logopädie. Selbstverständnis und theoretische Grundlagen* (Band 1, 2. Auflage).

Juristisches Informationssystem für die Bundesrepublik Deutschland (2018). http://www.gesetze-rechtsprechung.sh.juris.de/jportal/?quelle=jlink&query=SchulG+ SH+%C 2%A7+22&psml=bsshoprod.psml&max=true

Knebel (2013). Erziehung und Bildung. In: Braun, U. & Lüdtke, U. (Hrsg.). *Sprache und Kommunikation* (S. 492 – 495). Stuttgart: Kohlhammer.

Kruse, H. (2015). *Ministerium für Schule und Berufsbildung des Landes Schleswig-Holstein.* https://www.schleswig-holstein.de/DE/Fachinhalte/S/schulrecht/Downloads/ Erlasse/ Downloads/Kontingentstundentafel.pdf?blob=publicationFile&v=1 https://www.schleswig-holstein.de/DE/Landesregierung/III/Service/Broschueren/ Bildung/ zeugnisse_gestalten_GemS.pdf?_blob=publicationFile&v=5

Schaller, P. (2017). Empirische Sonderpädagogik. *Wie schreiben sprachschwache Kinder? Beitrag zum Zusammenhang zwischen explizitem und implizitem Sprachwissen* (Nr. 4, S. 386-405). https://www.psychologie-aktuell.com/fileadmin/ download/esp/4-2017_20180124/esp_4-2017_386-405.pdf

Schneider at al. (2018). AWMF online Das Portal der wissenschaftlichen Medizin. https://www.awmf.org/uploads/tx_szleitlinien/049-013p_S3_Redeflusstoerungen_ 2018-05.pdf

Schulze Heuling, A. (2018). *Praxis Wahrnehmung und Lernen.* https://www.wahrnehmungstherapie.de/kinder.html